8° L²⁷ n
26187

93 № 95
71

PORTRAITS MILITAIRES

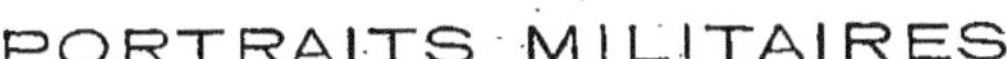

LE MARÉCHAL

DE

MAC-MAHON

PAR

Frédéric RIGAUD

—

(Avec une photographie.)

—

« Nous n'avons pas hésité à appeler à la
tête de l'armée un illustre homme de
guerre, que de nos jours on peut appeler
le chevalier sans peur et sans reproches. »

THIERS.

NIMES

LOUIS GIRAUD, LIBRAIRE-ÉDITEUR

1871

—

Tous droits réservés.

L 27
n
6187

LE MARÉCHAL

DE

MAC-MAHON

PAR

Frédéric RIGAUD

(Avec une photographie.)

> « Nous n'avons pas hésité à appeler à la tête de l'armée un illustre homme de guerre, que de nos jours on peut appeler le chevalier sans peur et sans reproches. »
>
> THIERS.

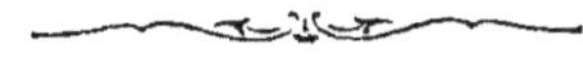

NIMES

LOUIS GIRAUD, LIBRAIRE-ÉDITEUR

1871

Tous droits réservés.

BIOGRAPHIE

DU

GÉNÉRAL BOURBAKI

PAR

FRÉDÉRIC RIGAUD

(Avec un portrait.)

CHARETTE

TROUSSURES

ET LES ZOUAVES PONTIFICAUX

CAMPAGNE DE FRANCE

par le prince HENRY de VALORI

Aide-de-Camp du général d'Azémar

TROISIÈME ÉDITION

IN-12. — PRIX : 25 CENTIMES

LE MARÉCHAL DE MAC-MAHON

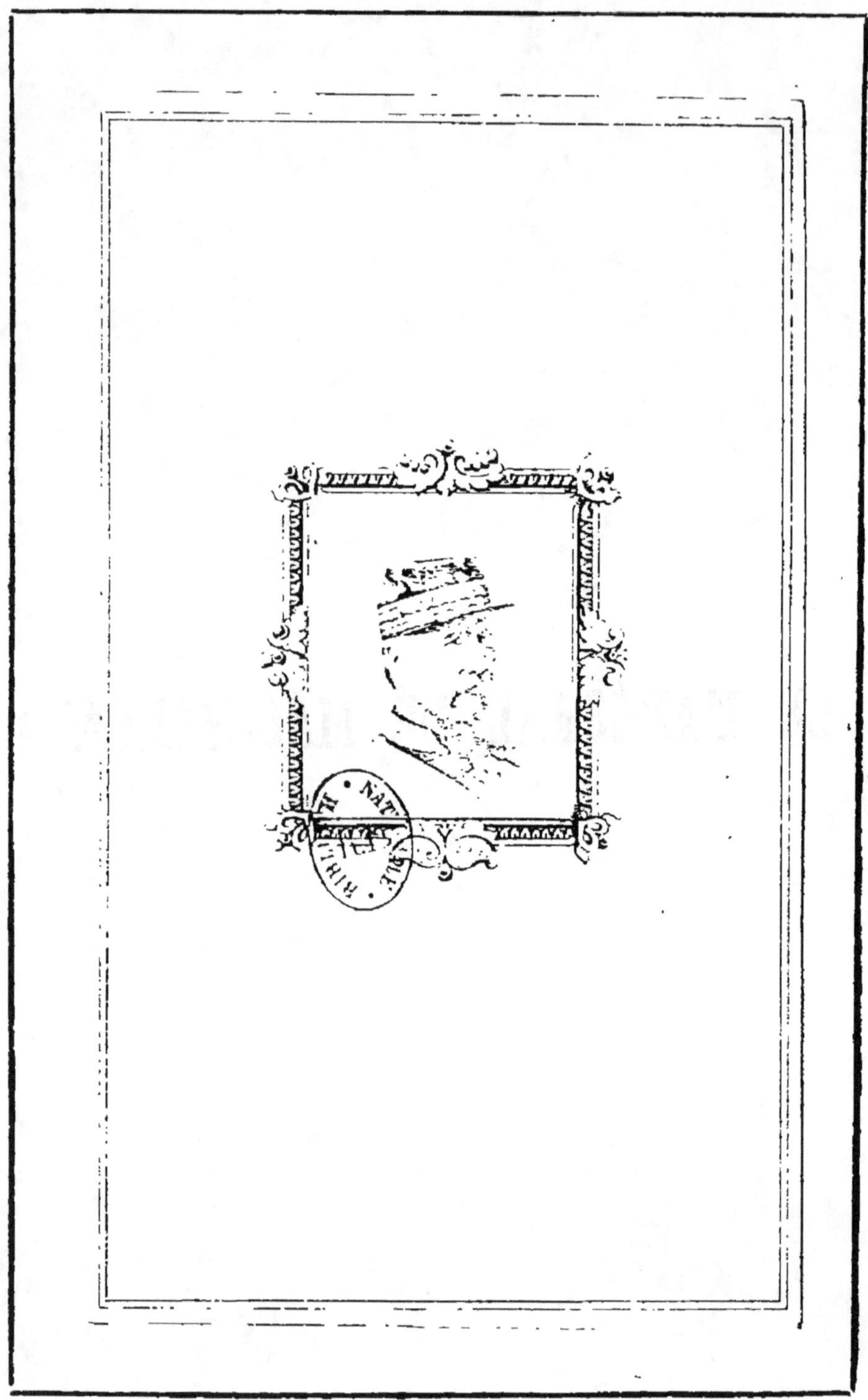
BIBL. NAT.

MAC-MAHON

C'est une des figures les plus sympathiques qui soient en France ; certainement c'est la figure la plus aimée, la plus populaire qui soit dans l'armée.... Parmi nos généraux, je n'en sais aucun qui, pendant la guerre, ait eu la chance de n'être pas accusé de trahison par ses naïfs soldats ; naïfs ou bêtes, choisissez. Je me trompe : Mac-Mahon, lui seul, n'a pas été soupçonné de ce crime. Où trouver l'explication d'un tel fait sinon dans le courage chevaleresque, dans l'héroïsme de ce général ? Sur le champ de bataille, l'épée de Mac-Mahon jette des flammes qui purifient de tout vil sentiment le cœur de ses soldats.

Depuis longtemps nous désirions parler de ce nouveau Bayard à qui a été attaché l'espoir de la France, de ce soldat qui a fait battre tant de cœurs, puis verser tant de larmes. Aussi, ne laisserons-nous pas échapper l'occasion qui s'offre de retracer sa vie militaire.

Le comte de Mac-Mahon, son nom l'indique, est d'origine irlandaise ; sa famille émigra en France avec le dernier Stuart , sous le règne d'Elisabeth d'Angleterre , persécutrice de la foi catholique , cette reine que Shakspeare appelait « la belle vestale assise sur le trône d'Occident. »

Mac-Mahon est né en 1808 , près d'Autun, dans le château de Sully , devenu la propriété de sa famille ; il est fils d'un pair de France, lequel était lié d'amitié avec le roi Charles X.

Le jeune Mac-Mahon commença ses études au petit séminaire d'Autun, puis entra dans une institution préparatoire à Versailles. En 1825 , c'està-dire à l'âge de dix-sept ans, il fut reçu à Saint-Cyr avec un bon numéro ; au sortir de cette école, il fut placé dans l'état-major, où il devait rester jusqu'en 1840.

La carrière militaire du maréchal de Mac-Mahon est une suite non interrompue de faits d'armes , de traits d'héroïsme accomplis le plus naturellement du monde, avec une remarquable simplicité.

En qualité d'aide de camp du général Achard , Mac-Mahon fit la campagne d'Algérie (1830), dans laquelle il se signala par son courage intrépide. C'est lui qui, dans la dangereuse expédition du col de Mouzaïa, arriva le premier sur le pic du petit Atlas. A propos de cette expédition, on cite de lui un trait de bravoure qui caractérise parfaitement sa nature aussi impétueuse qu'elle est insouciante en face du danger.

Le général Achard, après un chaud combat, ordonne à son aide-de-camp de porter un ordre à un chef de colonne, lequel est séparé d'eux par un parti arabe. « Vous prendrez avec vous, lui dit le général, un escadron de chasseurs. »

— « C'est trop ou trop peu, répond Mac-Mahon en enfourchant sa monture: trop pour passer sans être aperçu, trop peu pour ne pas être écrasé par l'ennemi dans une rencontre éventuelle. »

Et de s'élancer seul en éperonnant son cheval. Il ne tarde pas à être aperçu par un groupe d'arabes qui courent sur lui bride abattue. Fatalité !... La route lui est coupée par un profond précipice. Mac-Mahon ne connaît point d'obstacle ; dans un suprême effort, il entraîne dans l'espace son cheval qui va se briser les jambes sur l'autre bord. Lui se relève sauf et en est quitte pour quelques contusions et une terrible secousse. Les Arabes, redoutant le danger que vient de courir le fugitif, se contentent de le saluer de quelques coups de fusils, sans réussir à l'atteindre.

Mac-Mahon avait rempli sa mission.

Cet acte valut au jeune héros la croix de la Légion d'honneur. Peu d'hommes peuvent s'avouer l'avoir aussi bien méritée.

Mac-Mahon fit la campagne de Belgique et assista au siége d'Anvers, ce qui lui valut les épaulettes de capitaine (15 mars 1833). Nous le retrouvons bientôt en Afrique. A l'assaut de Constantine (13 octobre 1837), il reçoit un coup de feu en pleine poitrine; cette blessure, avant celle qui, il n'y a pas longtemps, a failli lui coûter la vie, était la seule qu'il dût recevoir dans le cours de sa carrière militaire : dans tous les combats, dans toutes les batailles auxquelles il prenait part, on eût dit que les balles l'épargnaient d'autant plus qu'il s'exposait davantage. Peu après le siége de Constantine, au mois de novembre, Mac-Mahon fut promu officier de la Légion d'honneur.

Le 30 octobre 1840, il est nommé chef de bataillon au 10e chasseurs à pied. A partir de cette époque, son avancement est on ne peut plus rapide. En effet, ouvrons un annuaire militaire, nous y lisons que Mac-Mahon est : lieutenant-colonel du 2e régiment de la légion étrangère le 31 décem-

bre 1842, colonel du 41ᵉ de ligne le 24 avril 1848 :
il administre en cette qualité la subdivision de
Tlemcem. En juillet 1849, il reçoit les insignes de
commandeur de la Légion d'honneur. Le 6 juillet
1852, c'est-à-dire à l'âge de quarante-quatre ans,
il est élevé au grade de général de division et com-
mande la province de Constantine. Le 10 août
1853, il est promu grand officier.

En avril 1855, le général de Mac-Mahon quittait
l'Algérie pour prendre le commandement d'une
division d'infanterie dans le 2ᵉ corps de l'armée
d'Orient placé sous les ordres du général Bosquet.
Avant de quitter sa chère Algérie, théâtre de ses
exploits, il avait exécuté une vigoureuse expédition en Kabylie. En Crimée, Mac-Mahon fut un
des officiers généraux qui brillèrent le plus par leur
courage, par leur dévouement à la patrie. Mac-
Mahon et Bourbaki (1), voilà les deux types de la
bravoure française pendant cette campagne mémorable.

Lors de l'assaut de Sébastopol, qui eut lieu le 8
septembre, Mac-Mahon fut chargé du périlleux
honneur de donner l'assaut aux ouvrages de Malakoff, clé de la place. La veille, les généraux

---

(1) Voir la *Biographie du général Bourbaki.*

Bosquet et Niel insistaient sur l'importance de cette attaque.

« J'entrerai demain dans Malakoff, leur dit Mac-Mahon du ton le plus simple du monde, et soyez certains que je n'en sortirai pas vivant »

Dans l'assaut de Malakoff, Mac-Mahon ne trouva pas la mort, grâce à Dieu, mais il se montra magnanime. Placé sur le point le plus culminant du parapet et se détachant dans l'espace comme une cible, il dirigeait tranquillement sa division ; son calme, son sang-froid imperturbable étonnait l'armée, même les zouaves du 1er régiment. « Il est impossible d'être plus beau sous le feu ! » s'écriait le général Pélissier, qui lui envoya dire d'être un peu plus soucieux de sa personne. Mac-Mahon répondit à l'aide de camp qui lui transmettait cette recommandation, qu'il remerciait le général en chef ; il n'en resta pas moins juché sur son observatoire en butte aux balles ennemies. Jusqu'à cinq fois, la même observation lui parvint ; à la cinquième, il se fâcha. Bref, grâce à l'incroyable élan, à l'opiniâtreté de ses troupes, Mac-Mahon réussit à s'emparer de Malakoff, que les Russes abandonnèrent après avoir opposé une défense désespérée. Comme récompense à ce brillant fait d'armes, Mac-Mahon fut élevé au rang de grand'croix de la Légion d'honneur (22 septembre 1855), et plus tard à la dignité de sénateur (24 juin 1856).

Cette même année il retourna en Afrique. Il commanda la seconde division sous les ordres du maréchal Randon, dans cette grande expédition qui devait apporter le calme dans toute la contrée, et se fit remarquer en chassant les Kabyles de leurs positions les plus escarpées. Bientôt fut créé le ministère de l'Algérie et une nouvelle organisation civile et militaire introduite dans cette colonie. Le prince Napoléon confia le commandement supérieur des forces de terre et de mer au général de Mac-Mahon.

En 1859 éclate la guerre d'Italie. Mac-Mahon est mis à la tête du 2e corps de l'armée des Alpes. On sait la gloire qu'il allait acquérir. Après avoir gagné la bataille de Turbigo, il devait sauver l'armée française à Magenta.—On se rappelle avec quelle légèreté le neveu de Napoléon Ier, qui n'avait de commun avec un général que le costume, on se rappelle, dis-je, avec quelle légèreté cet homme fit prendre l'offensive à la garde contre le gros de l'armée autrichienne. Avant d'engager l'action, la prudence commandait d'attendre les corps Niel et Canrobert. Bah ! est-ce que Bonaparte daignait

s'arrêter à une pareille considération? En avant!
Dès dix heures du matin il commanda l'attaque.
Et nos soldats héroïques luttèrent avec acharne-
ment : leur courage, leur *furia* les entraînait
toujours ; mais, écrasés par le nombre, ils étaient
contraints de reculer, revenant chaque fois beau-
coup moins nombreux que lorsqu'ils s'étaient
élancés. Ils combattirent de la sorte pendant sept
heures : un canon resta aux mains de l'ennemi;
l'intrépide général Clerc, celui dont les soldats
disaient : « Avec lui, nous irons partout, » fut
mortellement frappé d'une balle au front. Ce ne
fut que vers cinq heures du soir, et après avoir
parcouru au pas de course la distance qui les sé-
parait du champ de bataille qu'une partie des
troupes des corps Niel et Canrobert entrèrent en
ligne. Il était temps : la garde était épuisée. Ah !
ce jour-là, si une grande et décisive victoire
devait remplir la France de joie, ce fut malgré
l'aveuglement du soi-disant commandant en chef
de notre vaillante armée d'Italie. Celui à qui revient
l'honneur de cette victoire, le lecteur l'a déjà
nommé, c'est Mac-Mahon. Oui, dans cette bataille
de Magenta, le général de Mac-Mahon déploya une
habile tactique. Il serait trop long de raconter en
détail les mouvements qu'il fit exécuter à ses

troupes; contentons-nous de dire que, sans en avoir reçu l'ordre, il exécuta sous le feu des Autrichiens un hardi mouvement de conversion qui décida de la défaite de l'armée ennemie. Le corps de Mac-Mahon fit à lui seul six mille prisonniers.

A partir de ce jour, Mac-Mahon devint l'idole de la France, encore plus l'idole de l'armée. Sur le champ de bataille même, Mac-Mahon reçut le bâton de maréchal et le titre de duc de Magenta.

A cette nouvelle la France répondit par un applaudissement.

En 1861, le maréchal de Mac-Mahon représenta la France au couronnement du roi de Prusse. Hélas ! il ne se doutait pas que quelques années plus tard il serait prisonnier de ce même Guillaume qui, après l'écrasement de la France, aurait l'orgueil de troquer sa couronne royale contre une couronne impériale.

De retour en France, Mac-Mahon se hâta de reprendre sa vie militaire. En 1862 il recevait le commandement du 3e corps d'armée en remplacement du maréchal Canrobert. Deux ans après, il était nommé gouverneur général de l'Algérie (1er septembre 1864). Dans sa première proclamation, le maréchal exposa les idées impériales qu'il était lui-même chargé d'appliquer.

On connaît les tristes conséquences du nouveau système de gouvernement introduit en Algérie. Notre belle colonie périclita au lieu de progresser. Le nombre des colons loin d'augmenter diminua : dès l'année 1868 bon nombre émigrèrent en Amérique, particulièrement au Brésil, dont le gouvernement leur offrait tous les avantages agricoles qui leur étaient refusés en Algérie. Pouvaient-ils espérer ? Non ; le gouvernement personnel qui régnait dans la colonie étouffait toute initiative, toute réclamation légitime, toute plainte ; les journaux étaient soumis à l'immoral système des avertissements et de la suspension. On eût dit que notre empereur voulait se venger sur la pauvre Algérie de l'affaiblissement de son despotisme en France.

Aussi quel malheur ne tarda pas à frapper ce pays ! Une effroyable misère vint désoler les indigènes... la famine, avec son hideux cortège, les passions de la brute ; la famine, qui étouffe chez l'homme tout sentiment généreux, toute humanité, tout jugement ; la famine qui étouffe l'âme et fait trôner la bête. On vit alors, spectacle horrible, des hommes se porter à l'assassinat ; des mères, oui, des mères tuer leurs enfants... pour assouvir leur faim ! Que de personnes furent

moissonnées par la faim! On ouvrit des souscrip-
tions en France; on fonda des orphelinats pour les
enfants dont les parents étaient morts victimes de
la famine. On s'émut : des crédits extraordinaires
furent votés; Mgr de Lavigerie, qui fit des miracles
de charité, étant mis en cause par un avertissement
donné à *l'Akhbar*, lança contre les actes du gouvernement de sévères accusations qui firent
grand bruit. Une enquête fut ouverte, mais sans
résultat, comme toute enquête entreprise sous
l'empire. Cependant, à l'ouverture du conseil
supérieur de l'Algérie (septembre 1868), le maréchal de Mac-Mahon prononça un discours qui tra-
hissait l'intention de l'empereur de renoncer au
gouvernement personnel, et d'accorder enfin à
l'Algérie un système de colonisation plus libéral
et répondant à ses intérêts au moins aussi chers à
la France qu'à elle-même. Rien ne fut tenu de cette
promesse, et l'année suivante les conseils généraux réclamèrent en vain.

La sécurité de notre occupation militaire fut un
moment troublée. Dans les premiers jours de 1869,
les dissidents de la tribu des Ouled-Sidi-Cheïk,
refoulée depuis 1864 sur la lisière du Sahara,
au sud du Maroc, parurent sur notre territoire
avec une audace qui fut vigoureusement réprimée.

A propos de cette question de l'Algérie, nous aurions à critiquer le maréchal de Mac-Mahon, malgré toute notre sympathie qui lui est acquise. Nous nous en abstiendrons cependant ; car nous, qui connaissons la nature généreuse et patriotique de Mac-Mahon, nous sommes persuadé que les désastreuses conséquences du système de colonisation auquel il eut la faiblesse de prêter la main, en Algérie, sont pour lui un remords.

Aussitôt qu'éclata la guerre contre la Prusse, le duc de Magenta quitta l'Algérie pour prendre le commandement du 1er corps. Hélas ! je ne doute pas qu'il dût la quitter avec regret : comme tous nos officiers supérieurs ne connaissait-il pas la déplorable situation de notre armée ? Il espérait que le courage, l'héroïsme et l'abnégation des chefs suppléeraient à l'effectif dérisoire de nos troupes, au manque de canons et à la mauvaise organisation de l'intendance. On sait si son espérance a été déçue ! Quel héroïsme ont montré les Failly, les Frossard, les.... — j'allais prononcer le nom de celui qui a trahi la France dans l'intérêt d'une dynastie à jamais vouée à la malédiction — nous le demandons, quel héroïsme ont montré ces hommes ? Pour ne pas les accuser de pusillanimité, nous dirons que leur impéritie n'a eu d'égale chez eux que l'instinct de la conservation personnelle. Ah ! si les généraux placés à la tête de nos corps d'armée eussent étouffé leur vanité orgueilleuse dans un battement de cœur pour la patrie, s'il eussent eu la grandeur d'âme de Mac-Mahon, la France n'eût pas été piétinée sous les lourdes bottes des Bismark, Moltke et Guillaume ! Mais non, M. de Failly, M. Frossard voulaient chacun gagner une bataille sans le secours de personne. On n'a pas oublié qu'à Forback Frossard refusa du renfort, prétendant qu'il était assez habile pour remporter une victoire : il voulait gagner son bâton de maréchal. Failly aussi voulait gagner son bâton de maréchal..... Pauvre France !

Revenons à Mac-Mahon, un vrai Français celui-là, qui eût déchiré ses galons et jeté son bâton de maréchal de l'autre côté du Rhin, pour reprendre le rang de simple soldat, si ce sacrifice eût été tant soit peu nécessaire au salut du pays.

Aussitôt que la déclaration de guerre eut jeté l'émotion dans toute la France, les esprits cherchèrent un homme de guerre : le nom de Mac-Mahon courait de bouche en bouche et l'espérance pénétrait les cœurs. L'armée surtout avait la plus grande confiance en ce chef : tous les soldats eussent voulu se trouver sous ses ordres (1). Quel entrain, quelle ardeur patriotique entraînait les troupes de Mac-Mahon lorsqu'elles quittèrent Haguenau ! Chaque soldat avait le regard attaché sur Mac... C'est de ce nom familier qu'on désigne le maréchal dans l'armée.

Grand, blond, froid, réservé, presque timide, une physionomie dont le calme est éclairé par un œil vif et résolu, tel est Mac-Mahon. A voir cet homme on ne se doute pas que c'est un héros. Avec quelle aisance et quelle désinvolture il se meut à cheval ! Et sur le champ de bataille, comme il se transforme ! Par ses paroles qui lui viennent rapides, bien frappées, il pénètre de son âme, il entraîne, il électrise ses soldats. A Reischoffen, on l'a vu faire le coup de fusil, se battre comme un lion.

Reischoffen ! L'histoire redira cette bataille de géants : 33,000 Français combattirent, pendant dix heures, avec des alternatives de revers et

(1) Notre conviction est que, malgré la grandé disproportion en canons et en hommes, des désastres inouis, invraisemblables n'eussent point frappé la France si, dans le principe, l'armée eût été placée sous le commandement *unique* de Mac-Mahon.

de succès, contre 140,000 Prussiens servis par un nombre de canons triple du leur. Les Français essuyèrent ce combat après une nuit de pluie battante reçue sans tente, sans feu, dans la boue. La veille, ils avaient parcouru 70 kilomètres en vingt-quatre heures ; et, depuis vingt-quatre heures, ils n'avaient rien mangé ! A un moment de la bataille, les Français manquèrent de munitions et durent lutter à la baïonnette, sous une pluie de mitraille. Quelles charges à la baïonnette, bon Dieu ! Les zouaves, les turcos, les chasseurs de Vincennes s'enfonçaient dans la masse noire des Prussiens ; ils étaient las de tuer !

Et Mac-Mahon ? Ah ! quel héros ! La cravate arrachée, les vêtements en lambeaux, l'œil en feu, la poitrine au vent, tenant son épée par la lame, il fend la mêlée sur son grand cheval noir couvert d'écume, le troisième de la journée. Mac-Mahon oublie dans son désespoir qu'il est commandant en chef ; ce vaincu héroïque court à la mort, ce vaincu héroïque veut mourir avec ses enfants. Et les soldats, épuisés par une lutte de un contre cinq, et les glorieux blessés qui perdent leur sang, étendus sur le champ de carnage, réunissent tout ce qui leur reste de force pour crier : Vive Mac-Mahon ! Officiers et soldats se jettent au devant du maréchal, saisissent la bride de son cheval et lui défendent de se faire tuer. Bientôt Mac-Mahon, retrouvant son calme, se dresse sur ses étriers, embrasse d'un regard d'aigle le champ de bataille et commence d'organiser la retraite. C'est alors que se firent ces charges de cuirassiers et de chasseurs d'Afrique qui devront rester à jamais gravées dans l'esprit de tout Français. Cuirassiers et chasseurs disparurent presque tous dans ces charges épiques; mais ces vaillants avaient brisé le cercle de fer qui enserrait la poignée de braves de Mac-Mahon : la retraite put s'opérer sur Saverne. Dans cette journée mémorable, nous avions perdu 10,500 hommes; l'ennemi avait eu 27,000 hommes hors de combat.

On raconte que Mac-Mahon, qui était resté vingt-cinq heures à cheval, qui s'était battu comme un lion, passa le soir trois heures à ramasser les blessés avec les infirmiers des ambulances.

Nous défions la Prusse de trouver parmi ses généraux un seul homme qui égale Mac-Mahon et par l'héroïsme et par le cœur !

Après Reischoffen, Sedan !

C'est être dans la vérité que de dire que, dans

la guerre contre la Prusse , l'intérêt de la France n'a cessé d'être sacrifié à l'intérêt d'une dynastie. En effet, après Reischoffen , après Forbach , la prudence commandait de faire replier sur Paris toutes les troupes , en ne laissant dans les places fortes que le nombre d'hommes nécessaire à leur défense. C'était l'avis de Mac-Mahon , nullement celui de Bonaparte , qui ne voulait rentrer dans Paris qu'après avoir remporté une victoire qui relèverait son prestige.

Voici ce qu'un officier supérieur a écrit au sujet de la famense jonction de Mac-Mahon avec Bazaine:

« Cette entreprise hasardeuse pouvait réussir à la condition d'être menée avec rapidité et décision. Le prince royal, qui nous avait poursuivis assez mollement, avait perdu un moment notre trace ; il était facile de lui dérober trois ou quatre marches. En quatre jours, on pouvait arriver à Stenay en tournant les défilés de l'Argonne, et écraser les troupes qui nous séparaient de Metz, sans avoir à lutter contre notre plus dangereux adversaire. Toutes nos opérations, au contraire, ont été marquées au cachet de l'indécision et du manque de confiance. Arrivé à Vouziers, le maréchal reconnaît la présence d'un corps saxon de soixante mille hommes échelonnés sur le flanc de notre ligne de Verdun à Stenay. Il se décide à rétrograder ; mais à peine en route, nous recevons contre-ordre et nous reprenons notre marche en avant. Arrivés à Stone, *après avoir perdu quatre jours*, on renonce à forcer le passage de la Meuse à Stenay *(faute sans doute d'équipages de pont)* et l'on prend le parti de passer la rivière à Mouzon et à Remilly, pour se porter sur Stenay par la rive droite. A ce moment, les têtes de colonne du prince royal nous avaient atteints et allaient commencer une série de désastres sans exemple dans l'histoire. »

La principale cause du retard inconcevable apporté dans la marche de l'armée de Châlons, ce fut l'impérial *impedimenta*, déchu de son titre postiche de général et qui n'était plus qu'une ombre de souverain.

L'opinion publique a vivement blâmé Mac-Mahon d'avoir prêté sa grande intelligence à l'accomplissement de tout autre plan que celui qui consistait dans une retraite de l'armée sur Paris. Mais nos annales ne rapportaient-elles pas un glorieux précédent, Valmy (20 septembre 1792)? Mac-Mahon espérait être aussi heureux que Dumouriez. En ce cas, direz-vous, il devait refuser formellement de traîner à sa remorque Napoléon III.

Hélas ! Mac-Mahon voulut sauver à la fois son souverain et la France ; cette..... nous ne dirons pas complaisance, par respect pour le maréchal, cette faiblesse devait lui porter malheur.

Celui qui s'élève par l'épée périra par l'épée. Napoléon III devait périr par l'épée, et dans sa chute entraîner la France, coupable elle aussi d'avoir rendu possible le règne d'un Bonaparte.

Quoi qu'il en soit, Mac-Mahon a fait oublier ses fautes par son courage, aussi héroïque à Sedan qu'à Reischoffen, et par les souffrances que lui a fait endurer une blessure rendue presque mortelle par son imprudence : le maréchal resta plusieurs heures à cheval malgré sa blessure.

Un moment la France crut à la mort de Mac-Mahon ; plusieurs journaux parurent encadrés de noir en signe de deuil, et des larmes de regret furent versées. Le *Figaro*, qui avait ouvert une souscription dans le but d'offrir une épée au glorieux vaincu de Reischoffen, publia un avis pour annoncer que cette épée serait déposée sur la tombe du maréchal (1). M. Jules Favre, membre du gouver-

(1) Depuis, Mac-Mahon a prié qu'on versât dans la caisse de secours aux blessés les 40,000 fr., valeur de l'épée.

nement de la Défense nationale, avait déjà rédigé un projet de décret ainsi conçu :

« L'armée française portera pendant cinq jours le deuil du maréchal de Mac-Mahon glorieusement mort pour le salut de la France. »

Après avoir versé son sang en combattant contre l'ennemi extérieur, Mac-Mahon, ce héros légendaire, a offert son épée au gouvernement légal, au gouvernement nommé par le suffrage universel. Aujourd'hui il est placé à la tête de cette armée dont la mission est de combattre, de vaincre ces anarchistes, ces démagogues, ces singes de 1793 forts, à l'exemple de l'empire, contre des gens désarmés, forts derrière des barricades, mais lâches, mais poltrons en face d'hommes armés simplement comme eux.

La France remercie Mac-Mahon de son dévouement.

A LA MÊME LIBRAIR[IE]

LE

TRIO INFER[NAL]

BISMARCK

MOLTKE — GUILLA[UME]

PAR

Frédéric RIGAUD

In-8° de 48 pages, avec **trois portrait[s]**

PRIX : 1 FRANC

Un écrivain fort compétent a écrit les ligne[s] [sur]
ce livre plein de verve et de patriotisme :

« Il serait difficile de ramasser en moins de [...]
faits, de les présenter avec plus de clarté ; [...]
a la manière pittoresque et hardie de pein[dre...]
l'imagination de style que Thomas admirait ch[...]
Après cette lecture, on possède à fond ces trois [...]
caractérisées : Bismarck, « nature perfide et hy[...]
de l'Allemagne ; » Moltke, « le génie du mal ; »
« vieillard ivre de sang et d'orgueil, digne desc[endant...]
race étrange, comme disait Saint-Simon ; ra[...]
mais souple d'esprit, au cœur pieux, aux main[s...]

« Un épilogue termine les trois biographies ; [...]
d'un beau portrait : le crayon a rivalisé avec [...]
épilogue est presqu'un hymne à la France ; l['enthou-]
siasme patriotique du jeune écrivain ne lui a pa[s...]
un seul instant, les droits de la vérité. Comm[e...]
rance nous console et nous soutient ; avec lui [...]
« Désarmée, la France a résisté pendant six mo[is...]
formidablement armée, la France armée, p[ar la]
guerre, écrasera la Prusse. »

Nimes. — Typ. Clavel-Ballivet et Cie.

BIBLIOTHEQUE NATIONALE DE FRANCE

www.ingramcontent.com/pod-product-compliance
Lightning Source LLC
Chambersburg PA
CBHW061647050726
47598CB00004B/1493